Couvertures supérieure et inférieure
manquantes

LE PORT DE BLAVET

(PORT-LOUIS)

ET

JÉROME D'ARRADON

SEIGNEUR DE QUINIPILY

PAR F. JÉGOU

Membre de la Société polymathique du Morbihan.

Extrait du Bulletin de la Société. — 1er Semestre 1865.

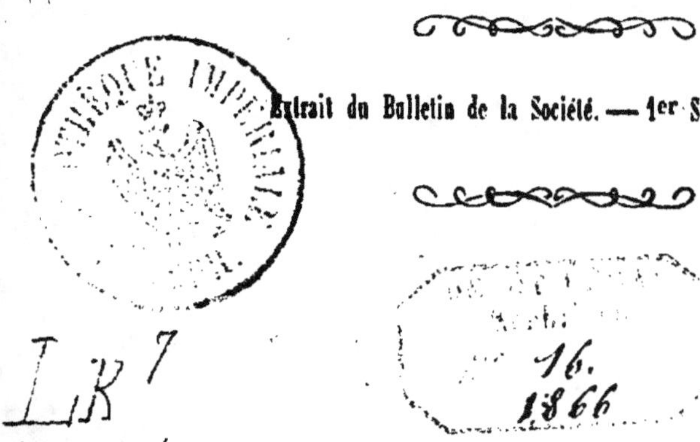

VANNES

IMPRIMERIE DE L. GALLES, RUE DE LA PRÉFECTURE.

1865.

LE PORT DE BLAVET

ET

JÉROME D'ARRADON

SEIGNEUR DE QUINIPILY.

I

Ligueurs et Royalistes.

De toutes les guerres qui déchirèrent la Bretagne, celle dite de la *Ligue* fut, sans contredit, l'une des plus sanglantes et des plus désastreuses.

Née en France, sous le règne de Henri III, du fanatisme religieux uni à l'ambition des princes de la maison de Lorraine, cette guerre intestine, en pénétrant en Bretagne, y donna rendez-vous, comme toujours, aux débats d'intérêts complètement étrangers à cet ancien duché.

De 1589 à 1598, cette malheureuse province, foulée par les partis, Bretons et Français d'un côté, Français et Bretons de l'autre, ceux-ci soutenus par l'Espagne, ceux-là renforcés par l'Angleterre, devint bientôt une vaste arène couverte de sang, de ruines et de désolations.

Et, pour mettre le comble à tant de misères, résultat de ces luttes fratricides, des brigands, profitant de la conflagration générale et se glissant entre les deux partis, taillèrent à merci dans le peuple, sans souci de ses maux, et se chargèrent de ses dépouilles après s'être gorgés de son sang.

Écrasée sous le poids de la guerre civile; pillée, dévastée, assassinée pour ainsi dire par les soldats des deux partis et le brigandage à main armée, ainsi s'écoulèrent pour la Bretagne les dernières années du règne de Henri III et les premières de son successeur.

Aussi, lorsque après un intervalle de deux siècles et demi, il arrive de feuilleter les sombres chroniques du temps, on éprouve involontairement une sorte de surprise de l'indulgence de certains historiens à l'égard des fauteurs de l'agitation de cette lamentable époque.

Il semblerait, cependant, que l'histoire impartiale n'eût jamais dû trouver ni motif ni prétexte pour éviter de traiter avec sévérité cette période de lugubres bouleversements, où la conscience et le véritable patriotisme cédaient si souvent le pas au fanatisme aveugle et cruel, à l'ambition, à la cupidité et à la scélératesse; où chefs et soldats, Bretons et Français, Anglais et Espagnols se ruent pour ainsi dire, tous ensemble, sur le corps d'un peuple infortuné, que l'on voit se débattre et se tordre au milieu des ruines fumantes des campagnes et des villes, dans une longue et sanglante agonie !

Dès les premiers troubles en Bretagne (1), les environs de l'île Saint-Michel furent l'objet des entreprises des deux partis.

Avant d'entrer dans le détail de leurs actions, disons très rapidement comment ces partis étaient formés, et quels furent leurs buts.

D'un côté, c'est le parti de la Ligue ou de l'Union : c'est le plus nombreux. Il a pour chef en Bretagne Philippe-Emmanuel de Lorraine, duc de Mercœur, gouverneur de la province. Ce prince porte en apparence les armes pour la défense d'un principe religieux, le catholicisme; il veut empêcher la couronne de France de se placer sur la tête d'un hérétique, le roi de Navarre, héritier collatéral d'un fils aîné de l'Église, Henri III; mais, en secret, le duc de Mercœur songe à exhumer à son profit le titre de duc de Bretagne, dont sa femme se prétendait héritière.

L'autre parti s'intitule royaliste. Il a pour soutien en Bretagne le parlement et tous les Bretons fermement attachés à la couronne de France, gémissant de l'hérésie du roi de Navarre, mais plaçant le droit et le patriotisme au-dessus des questions de dogme ou d'ambition personnelle. Il obéissait donc à Henri de Bourbon, roi de Navarre, qui succéda au trône de Henri III, sous le nom de Henri IV. Ce parti contenait tous les protestants, vulgairement appelés huguenots. Les royalistes eurent l'appui de l'Angleterre, et les ligueurs celui de l'Espagne.

Voici quels furent, sur les bords de la rade de Lorient, les événements remarquables qui naquirent du choc des deux partis : les ligueurs et les royalistes.

---

(1) C'est-à-dire vers la fin de 1588 ; car on peut dire que jusque alors la Bretagne avait pris peu de part à l'agitation du reste du royaume, qui datait de plusieurs années, et que les premiers soulèvements de cette province furent la conséquence de l'assassinat du duc de Guise et du cardinal de Lorraine au château de Blois, le 23 décembre 1588. — La distinction des partis, telle que nous la donnons, n'est vraie qu'à partir de cette époque, et ne concerne que leur situation en Bretagne.

II

Le Port de Blavet.

Entre les deux baies formées par la langue de terre qui sépare la rade de Lorient d'avec l'Océan, et dont l'extrémité se termine par la citadelle du Port-Louis, la baie de *Gavre* au sud et la baie du *Diasquer* ou du Port-Louis au nord, existaient autrefois deux villages : celui de *Locpéran* ou *Blavet* et celui de Locmalo, placés à très petite distance l'un de l'autre et à l'entrée de cette petite presqu'île. Le village de Locmalo, le plus petit des deux, n'a changé ni d'importance ni de position, chacun le connaît. Quant à celui de Locpéran, il est devenu la ville de Port-Louis. Locpéran se groupait autour d'une petite chapelle dédiée à saint Pierre (1) qui existait encore il y a peu d'années, et se divisait en partie haute et en partie basse. Cette seconde partie est encore connue sous le nom de *Diasquer* ou *Dias-ker*, c'est-à-dire Basse-Ville ou *Village d'en bas;* mais les fortifications la séparent de la partie haute:

Locpéran était donc le plus considérable des deux villages; il formait, comme port de mer, accessible aux *gros navires de l'époque*, sous le nom plus connu de *Port de Blavet*, une sorte de succursale d'Hennebont, dont l'importance baissait à mesure de l'augmentation du tonnage des navires. Les principaux négociants et les armateurs d'Hennebont avaient à Blavet (nom que nous emploierons désormais de préférence à celui de Locpéran plus spécialement local) des commis ou correspondants, des comptoirs, des magasins, des établissements pour la pêche de la sardine et le commerce du sel. Des étrangers de nation étaient venus s'y fixer. C'étaient en général des Anglais et des Irlandais, que l'on désignait sans distinction sous le nom d'Irois.

Il y avait peut-être encore un troisième village sur la baie de Diasquer, celui de *Locronan*; du moins quelques passages de l'histoire semblent-ils appliquer ce nom, qui appartient aussi à une localité de l'ancienne Cornouaille, à un village de cette situation. Peut-être sa position se trouvait-elle entre les deux baies du Diasker et de Kerzo, dans cette partie occupée par d'anciennes fortifications, qui furent élevées cependant postérieurement à la fin du XVIe siècle, époque dont nous allons nous entretenir. Il serait possible aussi que ce nom de

---

(1) Cette vénérable chapelle, qui rappelait tant de souvenirs, n'a pas trouvé grâce devant la pioche des démolisseurs. Malgré sa vétusté, il eût été facile de la réparer et de la conserver encore pendant bien des années ; on a préféré une chapelle neuve. On consulte trop les maçons; si on consultait plus souvent l'histoire, on respecterait davantage les monuments anciens.

Locronan ait été employé pour celui de Locpéran qui, nous le répétons, n'était autre chose que le port de Blavet. Nous ajoutons que le nom de *Locpéran* (en breton *Lieu de Péran*) tirait sans doute son origine de la petite chapelle dont nous avons parlé, dédiée à saint Pierre ou peut-être à saint Pezran, Pesran, Pesroc ou Pesrec (prononcez Péran, Péroc, Pérec), originaire de la Grande-Bretagne et fondateur du monastère de Padstow.

Ce village de Blavet, à la fin du XVIe siècle, était d'une certaine importance par son port, son commerce et ses habitants; il ne pouvait manquer de le devenir davantage par sa position qui lui permettait de commander l'entrée et la sortie des rivières du Scorff et du Blavet, pour peu qu'on le fortifiât.

Aussi, dès que le souffle de la guerre civile eût soulevé la Bretagne, le duc de Mercœur, qui s'empressait de s'assurer des principales places de la province et qui venait de donner le commandement d'Hennebont à un chef tout dévoué à la Ligue, comprit-il que la possession de cette place ne lui serait avantageuse qu'autant que Blavet fût sous son obéissance, à supposer que, dès les premiers moments, il n'eût pas formé le dessein, réalisé plus tard, de livrer Blavet à l'Espagne.

Nous venons de reconnaître le port de Blavet, tel qu'il pouvait être au moment où la guerre civile allait éclater; nous nous demandons si, dès cette époque, il n'était pas défendu par quelques fortifications. Ce village, ce port de mer apprécié depuis si longtemps, où le dernier duc de Bretagne, François II, avait armé des navires; où les habitants d'Hennebont, en 1572, avaient aussi équipé des navires de guerre pour arracher Belle-Ile des mains des Anglais; où des armateurs, des marchands et des industriels avaient leurs magasins et leurs établissements; ce village, possédant le privilége du papegault (1), ce qui ferait

---

(1) Le privilége du papegault, mis en doute par Ogée, a appartenu incontestablement à Blavet jusque vers le milieu du XVIIe siècle; nous en avons lu la preuve dans un acte de cette époque que nous regrettons de ne plus avoir sous la main, et qui se trouve actuellement déposé dans les archives de la préfecture du Morbihan, avec tous les titres et papiers de la sénéchaussée d'Hennebont. *Il s'agit dans cet acte d'un roi du papegault qui cède son droit à l'exemption d'impôts, sur un certain nombre de barriques de vin, à un hôtelier.* Le produit des impôts sur les boissons de Port-Louis étant devenu la propriété de la famille des ducs de la Meilleraie, aura fait supprimer l'avantage réservé au roi du papegault; de là à l'abandon d'un exercice sans profit pour personne, il n'y avait qu'un pas. D'un autre côté, la création d'une citadelle à Port-Louis rendant nécessaire une garnison perpétuelle dans cette place, annihila sans doute, peu à peu, la milice bourgeoise, et lui fit oublier jusqu'à ses anciens priviléges. Cependant, un des anciens quartiers de Port-Louis conservait encore, du temps d'Ogée, le nom de faubourg du papegault : ce qui aurait dû être pour lui l'indice irrécusable de l'existence de ce privilége. Quant à la question (importante pour la connaissance des origines de Port-Louis) de savoir si l'institution du papegault dans cette localité était antérieure à la Ligue, elle est encore à fixer; mais, dans cette incertitude, n'est-il pas naturel de supposer qu'une milice bourgeoise, avec certains priviléges, a

supposer l'existence d'une milice quelconque, était-il ouvert de toutes parts et exposé, corps et biens, sans défense, aux entreprises de l'ennemi et aux coups de main des forbans ? nous ne le pensons pas, quoiqu'il n'existe aucun renseignement pour résoudre cette question. Cependant, en présence de l'ardeur des partis à se disputer Blavet, il faut au moins admettre que ses habitants s'étaient mis dès les premiers troubles à fortifier leur village; autrement on ne s'expliquerait pas la nécessité de parlementer avec eux pour s'en assurer le concours, sinon la soumission, comme cela arriva.

Aux sollicitations intéressées de chacun des partis, les habitants de Blavet répondirent d'abord par de bonnes paroles, cherchant ainsi à ménager leur susceptibilité. Mais ce manège ne pouvait toujours durer; ils n'étaient pas assez puissants pour agir comme les Malouins, qui, pendant toutes les guerres de la Ligue, vécurent à peu près en république. Les Blavétins n'allaient pas tarder à être contraints de se prononcer.

III

Jérôme d'Arradon, Seigneur de Quinipily.

Le duc de Mercœur venait de confier le commandement d'*Hennebont, Blavet et toute la côte* à l'un de ses plus zélés partisans, à Jérôme d'Arradon, seigneur de Quinipily : vrai type du ligueur, d'une bravoure à toute épreuve et d'un fanatisme outré; à qui la conscience permettait d'invoquer le ciel, aussi bien pour l'extermination des hérétiques que pour leur conversion.

Fils de René, seigneur de Kdréan, Quinipily, Camors, la Grandville, Botblezven, etc., qui avait fondé le collége des Jésuites de Vannes, Jérôme d'Arradon était l'aîné de cinq frères, tous dévoués comme lui, corps et âme, à la foi catholique, et soumis à l'autorité du duc de Mercœur. Cette famille, puissante par le nombre, la fortune et les alliances, fut le plus ferme soutien de la Ligue dans l'évêché de Vannes; aussi, le duc de Mercœur ne cessa-t-il de la caresser et de la combler de ses faveurs. C'est ainsi que nous voyons, dès le début de la guerre, le gouvernement d'Hennebont et de ses environs accordé à Jérôme; deux de ses frères et leur beau-frère furent pourvus plus tard des commandements de Vannes, Auray, Suscinio et le Bois-de-la-Roche;

---

dû être organisée à une époque où Blavet n'avait pour défenseurs que ses propres habitants, et non pendant les années de paix du règne de Henri IV, ou sous Louis XIII, lorsque cette place avait remparts, citadelle et garnison, alors qu'une milice bourgeoise avait perdu de son utilité ?

et ce fut grâce à sa haute influence qu'un quatrième d'Arradon occupa le siége épiscopal de Vannes (1).

Jérôme, aussitôt son entrée en fonctions, voulut s'assurer de la soumission du port de Blavet à son commandement. Disposant de peu de troupes, il eut d'abord recours aux négociations; ce fut à M. de Lebize, *son intime et parfait ami*, qu'il en confia le soin : c'est ce qu'il nous apprend dans l'intéressant journal qu'il a laissé, et qui va nous servir dans tout le cours de cette notice.

Le 6 septembre 1589, le sieur de Lebize se présenta aux Blavétins, de la part du gouverneur d'Hennebont. Il voit sa démarche couronnée d'un succès inespéré :

« Les habitants de Blavet signèrent qu'ils voulaient vivre et mourir
» soubz un Roy Catholique, Apostolique et Roumain, soubz le gouver-
» nement de Monseigneur le Duc de Mercœur, Gouverneur et Lieute-
» nant-Général en Bretagne, et obéir au Seigneur de Quinipily, comme
» Capitaine d'Hennebont, Blavet et de toute la Coste. » (Journal de Jérôme d'Arradon, du 7 septembre 1589.)

Quinipily, plein de joie à la vue de l'engagement par écrit que lui rapportait son négociateur, s'empresse de faire part de cet heureux évènement à tout son parti : ce qui démontre la difficulté qu'offrait l'entreprise et l'importance que l'on attachait à sa réussite. Mais cette satisfaction fut de courte durée. Avant que Quinipily eût eu le temps de profiter des bonnes dispositions des Blavétins et de leur demander des preuves de leur sincérité, il apprit qu'ils s'étaient jetés ouvertement dans les bras des royalistes.

Il ne faudrait pas s'étonner d'une résolution si subite. Le roi de Navarre et ses coréligionnaires devaient avoir dans cette contrée de la Bretagne, et particulièrement à Blavet, dont la physionomie présentait un mélange d'étrangers la plupart protestants, un certain nombre de personnes secrètement attachées à leur cause. A Hennebont même, ce ne fut pas sans difficulté que le duc de Mercœur imposa son autorité, puisque quelques-uns de ses principaux habitants furent obligés de prendre la fuite; entre autres le sénéchal qui se réfugia à l'île de Groix, et un riche marchand, nommé de Coat-Courson, qui s'enfuit à Blavet. Ces dispositions favorables, jointes à l'influence du Parlement et de la puissante famille de Rohan, dont plusieurs membres apparte-naient à la religion réformée, et qui du reste était parente du roi de Navarre, expliquent parfaitement la répugnance de Blavet à entrer dans les vues du duc de Mercœur et la facilité avec laquelle ses habi-

---

(1) Tous ces d'Arradon sont probablement nés au château de Quinipily, près de Baud, où leur père fit sa résidence ; c'est du moins ce qui résulte d'une baillée, du 16 septembre 1561, d'une tenue au bourg de Baud, consentie par noble homme René d'Arradon, seigneur de Kerréant et Quinipilly, annexes, la Grandville ; Bolblezven, demeurant audit lieu de Quini-pilly, paroisse de Baud, à delle Louise Guédo, veuve de Guillaume Donyou.

tants violèrent leur promesse écrite : manque de parole qu'ils expièrent terriblement par la suite.

Furieux de cette trahison, Quinipily ne rêve plus que vengeance. A ses sollicitations, deux de ses frères accourent bientôt près de lui, et jurent de châtier les Blavétins; c'est une affaire de famille, son honneur y est engagé. Dès le 27 septembre, René d'Arradon, celui qui devint plus tard gouverneur des places de Vannes et d'Auray, s'avance pour reconnaître les approches du port de Blavet : il est reçu à coups de canon et d'arquebuse. Il put s'assurer que cette place, couverte par des fortifications couronnées d'artillerie, était en état de se défendre, et que désormais, à moins de surprise, elle ne pouvait être emportée qu'à l'assaut.

Coat-Courson, le transfuge d'Hennebont, était, à ce qu'il parut, l'âme de la défense de Blavet; à son instigation, l'artillerie des navires fut employée à l'armement des fortifications.

Faute de troupes et de matériel de siége, Quinipily se résigne pour le moment. Il se contente de faire surveiller les abords de Blavet qui, de son côté, ne néglige rien au point de vue de la défense. Ses habitants étendent ses fortifications à l'extérieur, en faisant quelques travaux pour protéger le village de Locmalo qui les couvre. Sur la rade, ils avisent un couvent de moines franciscains, communément nommés *Cordeliers*, établi sur un rocher d'environ quarante ares de superficie, le *Couvent de Sainte-Catherine de Blavet;* c'était une fondation de Jehan de Rohan, sieur de Guémené, et de Louise de Rieux, sa femme, qui datait de 1446, d'après Toussaint de Saint-Luc.

Ce monastère, dont les bâtiments existent encore, en face de l'île Saint-Michel, sur la côte de Riantec, au pied du village de Locmiquellic, était, alors comme aujourd'hui, cerné de murailles et relié à la terre ferme par une chaussée étroite d'une centaine de pas de longueur, laissant passage à la mer qui entourait le couvent à chaque marée. Ce poste, susceptible d'être défendu, était favorable pour surveiller les approches de Blavet du côté d'Hennebont. Les Blavétins y pénètrent, en chassent les paisibles habitants, dans lesquels toutefois des partisans du roi huguenot devaient voir des ennemis; ils s'y installent à leur place, mais avec d'autres dispositions. Cependant leur séjour dans le couvent de Sainte-Catherine ne fut pas long; ils en furent bientôt délogés par René d'Arradon, qui épiait toutes leurs démarches.

« Le mardi dix octobre, rapporte Quinipily, mon frère d'Arradon » partit de Hennebont après souper avec quarante-cinq cuirasses et » septante-dix arquebuziers et print le couvent de Sainte-Catherine de » Blavet, là où il y avait *de ceux de Lopesdran* qui tenoient le party du » Roy de Navarre qui est huguenot; il entra dedans incontinent. Il se

» sauva qui estoient dedans et en fut tué quelques-uns et prins pri-
» sonniers huit. Il revint environ le poinct du jour. »

D'Arradon n'était rentré à Hennebont que pour en ramener du renfort; le poste de Sainte-Catherine était à conserver, mais il prévoyait
de la difficulté à s'y maintenir, sous les yeux d'un ennemi qui ne l'y
laisserait sans doute pas longtemps en repos. Il rentra le jour même
dans ce couvent, où il avait laissé ses troupes sous le commandement
de Lavigne, son lieutenant; d'Arradon amenait avec lui « nombre
» d'hommes, tant cuirasses qu'harquebuziers, une pièce de canon et
» quatre mousquets, commandés par le sergent Gilles. »

Mais malgré la résolution des deux frères de se maintenir dans
Sainte-Catherine, les circonstances en décidèrent autrement.

A peine René d'Arradon y était-il rentré que Villeneufve, le messager
du duc de Mercœur, arrivait à Hennebont, porteur de lettres par les-
quelles ce prince, qui se trouvait à Dinan où il rassemblait toutes ses
troupes, rappelait près de lui ce zélé partisan; Villeneufve courut
après lui jusqu'à Sainte-Catherine, et d'Arradon, aussitôt après avoir
pris connaissance du message qui lui était adressé, se décida, sans
hésiter, à obéir à l'invitation pressante de son chef. Il sortit de Sainte-
Catherine dès le lendemain, 12 octobre 1589, avec toutes ses troupes,
et reprit la route d'Hennebont, mais après avoir ruiné les murailles
qui cernaient le couvent.

Harcelé dans sa retraite par les Blavétins, d'Arradon leur tua dix ou
douze hommes et en blessa un plus grand nombre, sans avoir à re-
gretter la perte d'aucun des siens. « Grâce au bon Dieu, marque ce
» jour-là le pieux Quinipily, il n'y eut aucun des miens qui fut blessé,
» qu'un à la gorge : mais ce n'est rien. »

IV

Voilà donc Blavet et Hennebont en guerre; le sang a coulé. Désormais le temps va se passer en escarmouches entre les deux places, et,
en attendant que la destinée ne décide entre elles, leurs garnisons
ravageront le pays et se feront réciproquement des prisonniers, pour
leur extorquer des rançons. C'était la coutume du temps. Alors la
guerre était pour le soldat, comme pour le gentilhomme, un champ
d'exploitation, où chacun travaillait pour son propre compte.

« Le mardi 31 et dernier jour d'octobre (1589), écrit Quinipily,
» Lavigne avec 44 soldats alla dresser une ambuscade à ceux de
» Pontivy, qui venoient à Blavet, lesquels étaient en nombre de cent

» (tant) soldats que marchands, et amenèrent plusieurs prisonniers le
» lendemain, lesquels je fis constituer en prison. »

Le 25 novembre suivant, Quinipily parvint à faire compter *quatre
mille trois cents écus sol* de rançon par quatre de ces prisonniers
Pontiviens : Julien Le Clerc, Louis Nicolazo, Pierre Poitevin et
Jacques Le Flo. L'affaire du 31 octobre avait été excellente, comme on
le voit.

Le 1er décembre suivant, Camors, autre frère de Jérôme, revient
des environs de Blavet avec trois prisonniers. Quinipily ne manque pas
de tenir noté de tous les avantages qu'il obtient sur ses ennemis. De
leur côté, les Blavétins n'étaient sans doute pas sans faire des exploits
du même genre dans un pays qu'ils parcouraient sans cesse, à tel
point qu'un convoi de poudre expédié par Lezonnet, de Concarneau à
Hennebont, fut obligé de s'arrêter à Quimperlé, pour ne pas tomber
entre les mains *des gens de Blavet*, qui poussaient leurs excursions
jusqu'aux portes de cette ville.

On a vu Pontivy, siége de la vicomté de Rohan, marcher au secours
de Blavet. Les calvinistes Rochelais et les Anglais envoyèrent également quelques renforts à cette petite place, de sorte que, son audace
augmentant avec le nombre de ses défenseurs, Quinipily, au lieu de
penser à l'attaquer, fut bientôt obligé de songer à sa propre défense.
Le 8 décembre 1589, son frère de Camors partit d'Hennebont pour re-
joindre le duc de Mercœur au siége de Ploërmel. Quelques jours après
son départ avec sa compagnie, Jérôme, resté avec une faible garnison
de quatre-vingt-dix hommes, reçut la nouvelle inquiétante d'un débar-
quement d'Anglais et de Rochelais à Blavet. Ne se trouvant pas trop en
sûreté avec si peu de troupes dans une ville où il suspectait fort les
dispositions des habitants, Quinipily expédia en toute hâte une estafette
à Ploërmel, pour solliciter le retour de Camors et celui de son autre
frère, d'Arradon, qui se trouvait avec le Duc depuis que nous l'avons
vu quitter Sainte-Catherine.

« Le mercredi 13 dudit mois, dit-il (décembre 1589), je dépêchai
» Limelec vers mon frère d'Arradon et mon frère de Camors qui
» estoient en l'armée de Monseigneur le duc de Mercœur au siége de
» Ploërmel, afin qu'ils eussent amené des forces pour emporter Lopes-
» tran, auquel lieu estoient arrivés des Anglois et des Rochelois,
» auxquels je prie le bon Dieu de tout mon cœur de me donner la
» grâce de pouvoir exterminer s'ils me viennent attaquer. »

Répondant à l'appel de leur frère aîné, d'Arradon et de Camors
arrivèrent à Hennebont avec leurs compagnies et furent sur le champ
brusquer une attaque contre Blavet.

« Le dimanche vingt-quatre dudit mois (décembre 1589), mes frères
» d'Arradon et de Camors attaquèrent Blavet, et sinon que le temps

» estoit pluvieux, ils eussent prins. Ils ne prindrent que Lomallo (1),
» et y bruslèrent seize maisons. Ils estoient en tout quatre cent trente
» hommes, tant harquebuziers que cuirassiers. »

Après ce nouvel échec, il était inutile de songer à emporter Blavet
par terre au moyen d'une simple attaque; il fallait absolument du
canon pour en battre les remparts.

Il sembla indispensable, en outre, à Quinipily de combiner une
attaque de cette place par terre et par mer. Donnant immédiatement
suite à cette idée, et d'Arradon étant allé s'établir à Auray avec sa compagnie, il s'entendit avec lui et avec Lezonnet, capitaine de Concarneau,
pour armer des navires dans ces deux ports, pendant que Lanzac, qui
se trouvait près de lui à Hennebont, allait s'occuper des mêmes pré-
paratifs.

Voilà donc tous les ports voisins qui forment une ligue contre leur
humble confrère : Auray, Hennebont et Concarneau vont armer contre
Blavet. Le vindicatif Quinipily est le mauvais génie de ce port; il a
juré la perte de ses malheureux habitants, *déloyaux et perfides*, comme
il les qualifie, et, pour y parvenir, il remue ciel et terre.

En attendant les résultats des calculs du capitaine d'Hennebont, les
choses continuèrent comme devant : les deux places escarmouchent
entre elles chaque jour, se tendent des embuscades et se font des prisonniers. Un jour, le 21 janvier 1590, de grand matin, Camors sort
d'Hennebont avec toute sa compagnie, des gens de la suite du duc de
Mercœur qui se trouvait sur les lieux et des habitants d'Hennebont,
pour aller donner l'alarme dans Blavet. Il rentra comme il était parti,
ces voisins ayant été trouvés sur leurs gardes. Quelques jours après,
le 3 mars, les Blavétins, à leur tour, pénétrèrent jusque sous les murs
d'Hennebont et formèrent un simulacre d'attaque contre cette place.
Dans le même temps, se trouvant en expédition sur la paroisse
de Plœmeur, une troupe de royalistes de Blavet y surprit le ligueur
de Kerouzéré, qui fut poursuivi jusque dans le bourg et se réfugia dans
le presbytère. Kerouzéré s'y défendit longtemps. Camors averti vola à
son secours; mais il arriva trop tard : Kerouzéré, forcé de se rendre,
fut emmené prisonnier au château de Guémené (2).

---

(1) Ce pauvre village de Locmalo, quoique privé de chapelle', célèbre cependant chaque
année sa fête patronale. Le jour du *Pardon*, on dresse un petit oratoire au milieu du
village, sur un emplacement que la tradition désigne pour être celui d'une ancienne chapelle ; celle-ci aura peut-être disparu dans le sinistre du 24 décembre 1589.

(2) Le presbytère de Plœmeur souffrit tellement de cette espèce de siége, qu'y soutint
Kerouzéré, qu'il cessa d'être habitable. Les Recteurs de cette paroisse logèrent dans des
maisons particulières. En 1641, le recteur Richard Esvan, fatigué de cet état de choses,
assigna le général de la paroisse devant la juridiction royale d'Hennebont, qui le condamna à
verser entre les mains dudit Recteur une somme de 60 livres destinée à payer les frais de

Dans tout cela, aucun fait décisif n'avait lieu : les plans, les stratagèmes inventés par Quinipily contre Blavet avortaient, ou ne pouvaient être exécutés, lorsque, le 14 avril 1590, le soucieux capitaine eut sur les bras l'armée royale commandée par le prince de Dombes en personne. Le 25 du même mois, il soutint bravement l'assaut, et, déterminé à se défendre jusqu'à la dernière extrémité, il eût peut-être donné aux troupes de Mercœur le temps d'arriver à son secours, lorsque les habitants, moins résolus que lui, l'obligèrent à capituler.

« Le mercredi deuxième jour de may, ji feu contraint de capituler
» avec le prince de Dombes, à cause de l'espouvante que les habitants
» de Hennebont eurent, lesquels se vouloient en dépit de moy rendre,
» de quoy je crevoye de depit et en pensé enrager. »

V

Le Siége.

Blavet triomphait ; mais, hélas ! sa joie fut bien courte : ce port était lui-même à la veille de succomber.

Par suite de la capitulation d'Hennebont, tout le pays baigné par les rivières du Blavet et du Scorff, depuis Pontivy et Guémené jusqu'à la mer, se trouva sous l'obéissance du Roi et du Parlement de Rennes. Cependant cet état de choses devait peu durer ; les évènements furent si changeants durant ces guerres de la Ligue ! ce pays allait bientôt gémir sous de nouvelles horreurs.

Retiré à Vannes, Quinipily ne perdit pas de vue ceux qu'il considérait comme ses ennemis personnels ; pour lui, le repos n'était possible

---

lettres-patentes de la Chambre de Bretagne autorisant une levée de deniers sur la paroisse pour reconstruire le presbytère.

Par acte du 13 mai 1641, passé à Plœmeur devant Y. Melou, notaire de la Rochemoysan, les fondés de pouvoirs du général de la paroisse s'engagèrent à payer annuellement à leur recteur une somme de quarante livres jusqu'à l'achèvement d'un presbytère : ce qui n'eut lieu que bien des années après, en 1702.

En 1699, la paroisse de Plœmeur intenta un procès aux principaux décimateurs : les Pères de l'Oratoire de Nantes, prieurs du prieuré de Saint-Michel-des-Montagnes ; aux abbés de Saint-Maurice et de Quimperlé ; au prieur commandataire de Lannenec et au chapitre de Vannes, pour les contraindre à contribuer aux frais de reconstruction du presbytère, et il obtint gain de cause par arrêt du 23 avril 1700, rendu par le Présidial de Vannes. Enfin, le 24 août 1700, plus de 110 ans après le combat que nous venons de citer, messire Buléon, recteur de Plœmeur, et le général de la paroisse arrêtèrent, avec le sieur Jan Le Moigno, architecte, les conditions de reconstruction du presbytère, qui fut enfin terminé en 1702.

Cet architecte Le Moigno avait construit le château de La Forêt, en Languidic, en 1690.

qu'après l'extermination des perfides Blavétins. Sa fiévreuse activité, son influence et celle de ses frères, Camors et d'Arradon, ne tardèrent pas à triompher de l'irrésolution habituelle du duc de Mercœur, en le décidant à faire le siége de Blavet, dont la chute devait nécessairement entraîner celle d'Hennebont. Il est possible d'ailleurs que le duc de Mercœur ne se rendît pas aux seules suggestions des trois frères d'Arradon, et qu'il ait obéi, en cette circonstance, à une considération plus puissante et d'un ordre différent : celle de mettre à la disposition du roi d'Espagne une place maritime pour les troupes que ce monarque lui avait promises depuis longtemps. Quoiqu'il en soit, le duc arriva avec sa petite armée devant Blavet, à la fin du mois de mai 1590, et il en forma le siége immédiatement.

Quinipily, sachant par expérience que, pour réduire Blavet, il fallait une double attaque, par terre et par mer, s'occupe, sans sortir de Vannes, des moyens d'armer une flottille pour appuyer l'armée de siége. Lansac s'était également retiré à Vannes après la prise d'Hennebont; ses navires, joints à ceux de Kerléon, qui se trouvaient dans le même port, formaient une flottille de cinq petits vaisseaux. Mais Kerléon manque de ressources pour terminer l'armement de ses navires. Quinipily, impatient de le voir prendre la mer, pourvoit à ses besoins de ses propres deniers, et bientôt la flottille de Lansac et de Kerléon, grossie de deux autres voiles armées à Auray probablement, put cingler vers Blavet.

Le duc de Mercœur, toujours devant Blavet, manque de pionniers pour ses travaux de siége et son artillerie; c'est à Quinipily qu'il s'adresse pour en obtenir, et l'infatigable ligueur lui en expédie : c'était, nous le répétons, le mauvais génie des malheureux Blavétins; il combine, il dirige tout contre eux; ils devaient succomber devant cette diabolique ténacité.

En effet, malgré ses fortifications, malgré le courage de ses défenseurs, Blavet, attaqué à la fois par terre et par mer, fut emporté dans un assaut furieux, le 11 juin 1590; et presque tous ses braves habitants furent passés au fil de l'épée.

Nous laissons au chanoine Moreau le soin de raconter ce triste évènement :

« . . . . . Les femmes, dit-il, en parlant de l'assaut, y firent paraître
» leur courage, car elles jetaient pierres, boisages, eau chaude et
» toutes sortes de matériaux qui accablaient les assaillants, dont ils se
» ressentirent incontinent après. Comme ils étaient occupés de part et
» d'autre à se battre, voici le seigneur de Lansac qui arrive per mer
» avec trois ou quatre grands vaisseaux de guerre, chargés de soldats
» du parti du duc de Mercœur, et mouillent audit hâvre, assez près de
» de terre, sans qu'aucun autre vaisseau du port lui osât donner
» aucun empêchement, décharge ses gens en des chaloupes et baille

» telle épouvante à ceux de la place, qui n'attendaient rien moins,
» qu'ils se mirent tous en fuite, chacun tâchant de se sauver de son
» mieux. Les tranchées demeurant dénuées de défenses, les assié-
» geants y entrent, et, poursuivant de grande furie, tuaient tout ce
» qu'ils rencontraient, sans distinction d'âge ou de sexe. Il n'y avait
» d'autre moyen de se sauver que dans des bateaux, car du côté de la
» terre était l'armée du duc de Mercœur.

» Les ennemis étant ainsi poursuivis de tous côtés de leurs ennemis,
» ils se jetaient à corps perdu dans les bateaux, à si grande foule que
» lesdits bateaux coulaient à fond. Les femmes et les enfants se jetaient
» à corps perdu dans la mer pour éviter le glaive, et périssaient ainsi
» plutôt que de rester entre les mains de leurs ennemis. Quelques
» bateaux se sauvèrent heureusement jusques à l'autre côté devers
» Vannes. D'autres se cachaient dans les maisons, attendant le coup de
» la mort du soldat victorieux. Les gens de guerre qui étaient dedans
» n'ayant moyen de se sauver ni par mer, ni par terre, se firent tuer
» en combattant.

» L'insolence de ceux de l'Union fut grande, car; étant d'assaut, ils
» passaient tout au fil de l'épée; se souvenant des maux qu'ils avaient
» reçus aux tranchées, aux assauts, et quelques capitaines qu'ils avaient
» perdus, qu'ils regrettaient fort..... »

Le prince de Dombes, dont l'armée était échelonnée de Ploërmel à
Malestroit et Rochefort, avait pu ne pas marcher au secours d'une place
si importante pour le parti royaliste! Blavet était, et n'a cessé d'être
depuis, la clef de tout le pays.

L'histoire n'a pas conservé les noms des braves défenseurs de
Blavet. Celui du sieur de Coat-Courson, qui paraît avoir été le principal
chef de ce port, est seul parvenu jusqu'à nous. Coat-Courson, on se le
rappelle, était l'un des notables d'Hennebont qui se réfugièrent à
Blavet, lors de l'arrivée de Quinipily.

Tombé entre les mains des ligueurs, il devait craindre, tout particulièrement, la vengeance de ses ennemis, étant considéré comme le
principal instigateur de la révolte de Blavet, ou plutôt de son parjure.
Mais on trouva plus avantageux de le garder prisonnier, pour en tirer
une grosse rançon : il ne recouvra sa liberté, plusieurs années après,
qu'en payant la somme énorme de huit mille écus.

De tous les chroniqueurs de la Ligue, le chanoine Moreau est, sans
contredit, celui qui donne le plus de détails sur la prise de Blavet, et
cependant ces détails ne sont pas satisfaisants. Comment supposer en
effet que Lansac ait pu surprendre Blavet, au moment où ses habitants
repoussaient l'assaut des troupes du duc de Mercœur, de telle manière
qu'il ait pu mouiller dans le port et débarquer ses troupes, non-seule-
ment sans obstacle, mais encore sans être aperçu; car c'est là ce que
semble dire Moreau? Pour qui connaît la disposition des lieux, alors

tout aussi découverts du côté de la mer que l'est actuellement la pointe de Gavre, Lansac ne pouvait attérir Blavet, sans être aperçu plusieurs heures à l'avance. D'un autre côté, il est difficile d'admettre que le port de Blavet, qui avait l'appui des Anglais et des Rochelais, fut tout-à-fait dépourvu de navires de guerre, et on se rend compte de tout le parti que l'on peut tirer d'un seul navire pour fermer l'entrée de la rade. Il faudrait donc supposer, pour expliquer l'heureuse intervention de Lansac au moment de l'assaut, qu'il ait battu les navires qui lui furent opposés, ou, qu'usant de stratagème pour s'approcher, les Blavétins aient cru à l'arrivée de renforts d'Anglais ou de Rochelais.

Quoiqu'il en soit, ce qu'il y a de certain, c'est que la chute de cette place, inquiétante pour Quinipily, fut la conséquence de l'exécution des projets qu'il avait conçus et qu'il n'avait cessé de méditer depuis près de six mois : une double attaque par terre et par mer. Le succès dépassa ses espérances, et cependant, lorsqu'il enregistra cet évènement qu'il appelait de tous ses vœux, peut-être la main lui tremblat-elle de joie ; mais, à coup sûr, il est difficile de deviner une émotion bien vive dans la phrase laconique que voici :

« Le mardi xii dudit mois (juin 1590), j'entendis comme Monseigneur
» le duc de Mercœur avait le jour précédent prins par assaut Blavet,
» là où le capitaine Lavigne qui estoit à moy fut blessé et mourut un
» jour après, que je regrette infiniment. Il mourut de ceux de Blavet
» trois cent quinze hommes qui combattirent vaillamment. »

C'est du même ton que Quinipily entretient ses lecteurs du pèlerinage de sa femme à l'île de Saint-Cado, près de Belz.

« Le lundi xvi de juillet (1593), ma femme alla en l'île de Saint-Cado,
» en pèlerinage à cause d'un mal d'oreille qui la tourmentait, et donna
» charge au prieur dudit lieu de dire et faire dire des messes en son
» intention et en la mienne, à cause que j'en estois aussi crucié. Dieu
» m'en donne guérison et à elle aussi. »

D'après Quinipily, *il mourut de ceux de Blavet 315 hommes ;* un autre auteur porte le chiffre des victimes de ce siége beaucoup plus haut, à 1300. Dans ce dernier chiffre, peut-être exagéré, il faut évidemment comprendre, outre ceux qui portaient les armes, les vieillards, les femmes et les enfants, qui furent sacrifiés à la fureur du soldat.

Le siége de Blavet eut du retentissement. Bientôt, le sentiment légendaire, si vif en Bretagne, s'emparant de ce drame militaire, ajouta au tableau de ses horreurs une scène, accueillie désormais par l'histoire, dans laquelle la vertu des filles de ce malheureux village est élevée jusqu'à l'héroïsme. Voici en quels termes Ogée la raconte :

« Les troupes du duc de Mercœur forcèrent enfin la ville, le 11 juin
» 1590, après un combat très meurtrier, dans lequel les assiégés per-
» dirent environ treize cents hommes. Le vainqueur, irrité de la résis-
» tance des habitants, entra en fureur et passa tout au fil de l'épée.....

» Quarante jeunes filles, voulant échapper à ce carnage, se sauvèrent
» dans un vaisseau. Mais l'asile n'était pas sûr. Le soldat brutal et
» furieux les poursuivit. Dès qu'elles se virent au moment d'être
» saisies, elles se prirent toutes par la main et se précipitèrent dans la
» mer, préférant ce genre de mort, quelque affreux qu'il fût, à la
» honte d'assouvir la rage de ces barbares, si elles tombaient entre
» leurs mains ! . . . . »

VI

Les Espagnols.

Le port de Blavet est donc enfin tombé au pouvoir des ligueurs. On
a vu à quels excès ils s'y livrèrent. Que va devenir entre leurs mains
cette pauvre bourgade désolée? Vont-ils raser ses fortifications et la
rendre ce qu'elle était autrefois, pauvre et ignorée ?

Non. — Ce changement de maîtres, le carnage de la plupart de ses
habitants et la désertion de ceux qui purent échapper à la rage du
vainqueur suspendirent à peine l'importance de Blavet.

Les troupes promises depuis si longtemps par le roi d'Espagne au
duc de Mercœur, parurent enfin sur les côtes de Bretagne. Elles formaient un corps d'environ six mille hommes sous le commandement de
don Juan d'Acquila. Après avoir débarqué à l'embouchure des rivières
la Loire et la Vilaine, au commencement du mois d'octobre 1590, elles
se dirigèrent vers Blavet, place que Mercœur, à l'instigation de Quinipily, venait de leur assigner pour stationnement spécial et l'établisse-
ment de leurs magasins. La flotte de transport espagnole se présenta
donc dans ce port, dès le mois d'octobre, y débarqua le matériel de
l'armée, et, quelques semaines plus tard, les troupes elles-mêmes,
après avoir séjourné à La Roche-Bernard, à Vannes et à Auray,
arrivèrent à Blavet et s'y installèrent immédiatement, en gens qui
prennent possession d'une place et comptent s'y maintenir.

Aux anciennes fortifications, conservées et réparées par Mercœur,
don Juan d'Acquila en ajouta de nouvelles; de telle sorte que Blavet
devint, en peu de temps, une des meilleures places de Bretagne, et
que ceux qui avaient commencé par battre des mains à l'arrivée du
secours du roi d'Espagne, durent se demander comment ils s'y pren-
draient pour s'en débarrasser, le cas échéant.

Ce qui avait engagé Quinipily à conseiller ardemment au duc de
Mercœur l'envoi des Espagnols à Blavet, c'était le désir de rentrer
dans son ancien commandement d'Hennebont, d'où, comme l'on sait,
il avait été chassé par le prince de Dombes. Ce gentilhomme, dont
nous connaissons la ténacité, se montra tout aussi préoccupé des

moyens de s'emparer d'Hennebont qu'il l'avait été de Blavet, quelques mois avant; son journal en contient plusieurs fois la preuve :

« Nous rescrivimes à Madame de Mercœur le lendemain, de Port-
» Navalo (9 octobre 1590)..... Nostre missive contenait que serait très
» bien fait de faire descendre ladite armée (espagnole) à Blavet, pour
» aller assiéger la ville d'Hennebont. »

A la date du 11 août précédent, à la seule nouvelle de la prochaine arrivée des Espagnols, Quinipily avait déjà fait des démarches dans le même sens :

« Le samedi onze d'aoust je receu une lettre de Madame la duchesse
» de Mercœur escrite en chifre, par laquelle elle me mandait que les
» Espagnols devaient descendre à Blavet, pour attaquer Hennebont. »

En attendant l'arrivée tant désirée du secours du roi d'Espagne, Quinipily, momentanément gouverneur de Vannes, tient ses regards fixés sur Hennebont. Il apprend par quatre transfuges de cette place que le capitaine Dupré qui y commandait n'avait sous ses ordres qu'une faible garnison d'environ cent vingt hommes. Son frère d'Arradon et Saint-Laurent, autre capitaine ligueur, aussitôt prévenus par lui, coururent former le blocus de cette ville en attendant l'arrivée du duc de Mercœur pour en former le siége. D'Arradon prit position du côté de la Vieille-Ville avec trois cents arquebusiers, et Saint-Laurent, du côté de la Rue-Neuve, avec le même nombre de fantassins et de la cavalerie légère.

Quatre jours après, le 10 novembre 1590, Mercœur arriva devant cette place, ayant avec lui le renfort espagnol, et commença immédiatement les travaux de siége : c'était le second qu'Hennebont allait supporter en cinq mois.

Dupré, sa garnison et les habitants, ceux-ci plus portés pour le parti du Roi que pour celui de la Ligue, à ce qu'il semble, se comportèrent vaillamment pendant quarante-deux jours de siége ; mais, désespérant d'être secourus par ce triste prince de Dombes qui commandait l'armée royale, ils signèrent, le 22 décembre 1590, au moment où tout était prêt pour l'assaut, une capitulation par laquelle ils s'engagèrent à remettre la place au duc de Mercœur, si dans huit jours ils n'étaient secourus (1), et, le 31 décembre, Dupré et sa garnison,

---

(1) Ce traité de capitulation est trop intéressant, particulièrement au point de vue de l'histoire locale, pour ne pas en donner ici la reproduction textuelle :

« Articles pour présenter à Monseigneur de la part du sieur Dupré, gentilzhommes et
» autres assiégés dans Hennebont pour la reddition de ladite place.

» Monseigneur donnera buict jours aux assiégés à compter du présent 22e pour aller vers
» monseigneur le prince de Dombes avec passeport de mondit seigneur pour deux gentilz-
» hommes pour luy représenter l'estat de ladite ville et sy dans ledit temps monseigneur le
» prince ne fait lever le siége et donne la bataille, ils mettront la ville en la puissance de
» monseigneur de Mercœur, auquel pour ce faire demeureront pour hostages les capitaines
» Plymou, Gascon, ou l'Espine pour les gens de guerre, Theminare et Kermangona pour les

sans nouvelles dè l'armée royale, sortirent d'Hennebont avec tous les honneurs de la guerre.

« Le dimanche dernier dudit mois de décembre, ledit sieur Dupré
» sortit de la ville de Hennebont environ les deux heures après midy
» aux conditions cy dessus (la capitulation du 22 décembre) avec tous
» ses gens de guerre..

» Ledit sieur Dupré, dit ailleurs Quinipily, souffrit six cent quarante-
» quatre coups de canon, et battu de six pièces en baterie, de deux
» canons en courtine et trois couleuvrines en ruine; brèche faite et la
» sape de cinquante pieds. »

Dupré, en signant la capitulation, épargnait peut-être à Hennebont les horreurs d'une ville prise d'assaut, dont Blavet venait de présenter récemment un terrible exemple !

Le duc de Mercœur, après cet heureux résultat pour ses armes, quitta Hennebont, le 12 janvier suivant, en y laissant Quinipily « pour y commander et à Blavet. » Ce capitaine n'aura plus à craindre, cette fois, le dangereux voisinage d'un foyer d'ennemis; ce ne sont plus des royalistes et des huguenots qui occupent Blavet, ce sont des alliés ca-

---

» gentilzhommes du pays, et pour les habitants le procureur du Roy et le procureur des
» bourgeois, jurera ledit sieur Dupré et principaux capitaines et gentilzhommes l'entretene-
» ment de ladite capitulation.

» Le sieur Dupré et ses capitaines sortiront avec leurs chevaux, armes et équipage, sans
» leur estre refformé pour ce qu'ils n'adroueront rien qui ne soit à eux.

» Les chevaux legiers et tous les harquebuziers à cheval sortiront pareillement avec leurs
» chevaux et équipages.

» Les soldats de pied sortiront pareillement avec leurs armes mèche allumée et drapeaux
» pliés et seront conduicts en seurté jusques à Ploërmel.

» L'artillerye fer de fonte estant en la ville avec touttes munitions de guerre y demoure-
» ront et les officiers du canon se retireront avec ledit sieur Dupré et pour jamais ne paiera
» auchune rançon.

» Les femmes, damoyselles, bourgeoyses et autres qui sortiront de la ville seront honorées
» et respectées et ne leur sera fait aucun ennuy ny desplaisir et ne seront aucunement
» fouillées de ce qu'elles auront sur elles, celles qui demoureront seront en la protection de
» Monseigneur.

» Tous prisonniers détenus en ladite ville seront mis en liberté sans paier aucune rançon.

» Les gentilzhommes reffugiés habitants de la ville et officiers de la justice et autres
» reffugiés paieront vingt mil escus pour estre exempts de tous pillage, rançon qu'autrement
» en leur pouvoir pour avoir la joyssance de leurs biens et demeurer paysibles en leurs
» maisons soit en ville ou aux champs, avec leurs trains, armes, chevaux, équipage. Les
» blessez seront traictés et medecamentez et à mesure qu'ils se guariront leur sera donné
» passeport pour se retirer où bon leur semblera.

» Pendant ledit temps ne se tirera coups de canon mousquetades ny arquebusades et ne
» sera travaillé d'une ny autre part de cent cinquante pas des tranchées aux mynes, sappes
» et autres œuvres entreprises et encommancées et pour seurté de quoy comme de l'entre-
» tenement de la présente capitulation les six hostages demoureront obligés et entrera ung
» homme de la part de Monseigneur en ville pour voir qu'il ne se travaille point.

» Fait à Hennebont le 22e jour de décembre 1590. »

tholiques. Cependant, malgré cette apparente confraternité religieuse et politique, Jérôme d'Arradon s'aperçut bientôt qu'il lui fallait encore renoncer à exercer réellement une autorité quelconque sur ce malencontreux port de mer, et, qu'en fait, tout son commandement ne s'étendait guère en dehors des murs d'Hennebont.

C'est qu'en effet, nous le répétons, les Espagnols s'étaient installés à Blavet comme chez eux. Ne reconnaissant d'autre autorité que celle du roi d'Espagne, ils se conduisirent dans un pays, où ils avaient été accueillis en amis, à peu près comme s'ils y étaient entrés par droit de conquête. C'est en général une faute, sinon un crime, que d'ouvrir aux armées étrangères les portes de sa patrie, pour les mêler aux dissensions intestines : le duc de Mercœur en fit la cruelle expérience. Moins profond et moins adroit politique que son adversaire, Henri IV, qui, lui aussi, crut devoir appeler l'appui de l'Angleterre pour faire la conquête de son propre royaume, Mercœur, confiant dans ses alliés, leur laissa imprudemment prendre pied dans une province qu'ils convoitaient toute entière. Les Anglais, en descendant en Bretagne, quoiqu'ils n'eussent pas, comme l'Espagne, des prétentions à sa possession à titre héréditaire, ne perdirent pas cependant de vue leurs intérêts particuliers, jamais ce peuple ne mérita ce reproche; Morlaix, Brest, d'autres points du littoral encore, furent tour à tour l'objet de leurs ambitieux calculs. Mais Henri IV, toujours sur ses gardes, sut constamment éluder sous un prétexte quelconque leurs dangereuses prétentions, et, en définitive, la Bretagne catholique eut moins d'inquiétude, et peut-être moins à souffrir, du séjour de ces hérétiques que de celui des Espagnols.

Ce que l'on peut avancer, c'est que Mercœur regretta secrètement une protection, dans laquelle il avait d'abord mis toutes ses espérances, et dont il dut suspecter aussitôt la sincérité et le désintéressement. Aussi, lorsque don Juan d'Acquila, établissant contre sa volonté et au grand mécontentement des Bretons des deux partis, à l'extrémité de la presqu'île armoricaine, une forteresse de Crozon ou Roscanvel, destinée à amener la chute de Brest et à dominer dans ces parages ; lorsque les troupes de ce général espagnol, surprises au milieu de leurs travaux par le maréchal d'Aumont, commandant l'armée royale, appelèrent Mercœur à leur secours, quelle fut la conduite de ce prince ? Il laissa écraser, dans un long siége, le plus meurtrier de toutes ces guerres, ses malheureux alliés, qui succombèrent tous, jusqu'au dernier, après une héroïque défense !

Mercœur rachetait peut-être ainsi une partie de son imprudence; mais n'était-ce pas au moyen d'une sorte de trahison !

Retournons à Blavet. Les Espagnols y vécurent pendant près de huit années, s'inquiétant fort peu, pour molester et piller le pays, des opinions de ses habitants, soit politiques soit religieuses. Ligueurs ou royalistes, catholiques ou huguenots, le soldat espagnol s'en souciait médiocrement, pour piller et incendier, non moins que de l'autorité de Mercœur et de celle du gouverneur d'*Hennebont, Blavet et toute la coste*, continuant sur les bords du Blavet et du Scorff l'œuvre de désolation commencée par la lutte des partis.

Un jour, les Espagnols, remontant la rade, allèrent piller la paroisse de Caudan. Ce qu'ils trouvèrent de mieux à faire contre de malheureux paysans incapables de se défendre, ce fut d'incendier leurs maisons et de détruire leurs récoltes.

« Le jeudy absolu xv d'avril (1593), jescrivis à don Juan d'Acquila,
» pour certains soldats qu'il avait, lesquels bruslèrent à Caudan des
» maisons et des bleds pour trente mil escus. » (Journal de Quinipily.)

C'est ainsi que Quinipily, capitaine de Blavet pour la forme, voyait chaque jour son autorité méconnue, et qu'il était réduit à gémir et à se plaindre, comme le dernier de ses subordonnés, des méfaits des soldats espagnols, au sein même de son commandement. Ce n'était pas seulement dans le pays de Blavet et d'Hennebont que les Espagnols se comportèrent avec cette brutale indépendance, qu'on ne se l'imagine pas. Partout où ils portèrent leurs pas, il en fut ainsi dans cette province de Bretagne où, selon l'expression pittoresque d'un historien, *ils tâchèrent de se mettre au large et de prendre toujours pied plus avant* (de Piré).

Cet état de choses dura jusqu'en 1598, de sorte qu'on peut dire que, pendant tout le séjour à Blavet de ces prétendus alliés du duc de Mercœur, cette place fut plutôt espagnole que bretonne.

Mais pour arriver à la fin de cette occupation calamiteuse, il n'est pas inutile d'entrer dans quelques explications.

Henri IV, par sa conversion à la religion catholique, et surtout par sa réconciliation avec le Pape, ruina le parti de la Ligue, du moment que ses droits héréditaires à la couronne de France ne lui étaient pas contestés. Il ruina du même coup les projets secrets du duc de Mercœur sur l'ancien duché de Bretagne, dont sa femme se prétendait héritière. Aussi, à partir de ces deux évènements, dont l'importance n'échappa pas à Mercœur, vit-on les principaux chefs de la Ligue se détacher successivement de ce parti et faire leur soumission au roi de de Navarre, reconnu pour roi de France. Ce monarque, d'ailleurs, ne négligea rien pour provoquer ces défections, faisant miroiter adroitement l'or et les faveurs aux yeux intéressés des ligueurs les plus influents, parmi lesquels plusieurs se laissèrent honteusement tenter. Tels furent les d'Arradon, qui vendirent leur soumission à Henri IV, moyennant *soixante-quatre mille écus !*

Quinipily, gouverneur d'Hennebont; René d'Arradon, gouverneur de Vannes et d'Auray; Camors, capitaine du Bois-de-la-Roche, et Montigny, leur beau-frère, gouverneur de Suscinio, ne purent pas résister aux offres de Henri IV. Par l'intervention d'un sieur Aubert de Roziers, du Mans (1), dès le mois de décembre 1597, ils négocièrent les conditions de leur défection, dont l'importance valait certainement les 64,000 écus qu'ils obtinrent.

En effet, grâce à l'influence de cette puissante famille, Henri IV s'était assuré de tout l'évêché de Vannes, dont ils occupaient les principales places, avant l'édit de pacification accordé à Mercœur (20 mars 1598), avant la signature du traité de paix conclu avec l'Espagne à Vervins (2 mai 1598), puisque, dès le 13 mars, Vannes et Auray, sous le commandement de René d'Arradon, avaient pu voir leurs garnisons espagnoles refluer vers le port de Blavet, où elles se trouvèrent réunies au nombre de plus de deux mille soldats.

Il fallut le traité de paix de Vervins pour arracher ces troupes étrangères de leur dernier refuge; elles évacuèrent définitivement Blavet au mois de mai 1598. Mais, avant de s'embarquer, elles eurent l'intention de détruire les fortifications qu'elles y avaient construites et qui en faisaient la principale importance; elles eussent voulu emporter leur grosse artillerie de remparts ou la mettre hors de service. Moyennant une dernière indemnité de deux cent mille écus, les Espagnols renoncèrent à ces intentions, et Blavet, de simple village qu'il était au début de la guerre civile, en sortit *place forte*.

Les Espagnols une fois embarqués, la pauvre Bretagne put enfin respirer. On chanta des *Te Deum*; des feux de joie brûlèrent *pour la réjouissance publique qui fut grande tant par terre que par mer*, dit une relation. Puis, après ce libre cours donné à l'allégresse, la province s'occupa de panser ses plaies; elle releva ses ruines et secoua ses misères, qui étaient si profondes que le bon roi Henri, parcourant à quelque temps de là ses campagnes désolées, laissa échapper ce cri de douloureuse surprise : « *Où est-ce que ces pauvres Bretons pourront prendre tout l'argent qu'ils m'ont promis!* (Mémoires de Sully.)

<h1 style="text-align:center">VII</h1>

<h3 style="text-align:center">Blavet et Hennebont.</h3>

Avec la paix, Blavet vit renaître son activité commerciale, qui se ranima d'autant plus promptement que les marchands et les armateurs accourus dans son sein purent désormais compter, à l'abri des fortifi-

---

(1) Aubert de Roziers a laissé des *Mémoires* qui ont été publiés dans la *Revue de Bretagne et Vendée*. Voyez dans le tome VIII de cette revue, p. 199, année 1860, ce qu'il raconte de ses démarches pour les d'Arradon, et de leurs résultats, pour ce qui concerne principalement Vannes et Auray et leurs garnisons espagnoles.

cations laissées par les Espagnols, sur une protection qui leur fit autrefois défaut, ou qui du moins fut loin de leur offrir la même sécurité.

En peu d'années, la petite agglomération de pêcheurs, de marins et de commerçants, connue sous le nom de *Lopesdran* ou *Blavet*, devint *le bourg de Saint-Pierre de Blavet*, puis la ville de *Blavet*, dans le langage local (1601), en attendant qu'un nouvel effet de la faveur royale ne donnât, quinze ans plus tard, à cette bourgade ressuscitée le nom officiel de *ville de Port-Louis* (1616).

N'oublions pas Jérôme d'Arradon, seigneur de Quinipily, l'ennemi acharné de *ceux de Lopesdran*. Après avoir palpé sa part des soixante-quatre mille écus avec ses frères, ce seigneur intéressé trouva, dit-on, plus lucratif, en temps de paix, de quitter sa capitainerie d'Hennebont pour endosser la robe de sénéchal de la juridiction royale de ce nom. Camors lui succéda comme *Capitaine d'Hennebont, Blavet et toute la côte;* il en fut le dernier titulaire. D'Arradon mourut gouverneur des villes et châteaux de Vannes et d'Auray.

La fortune fut encore plus favorable à Montigny, le beau-frère des d'Arradon, l'ancien gouverneur du château de Suscinio et *île de Rhuis*. Un jour, c'était le 2 septembre 1616, la Reine-Régente venait de faire un coup d'Etat : elle venait de faire écrouer au château de Vincennes un prince du sang, le prince de Condé.

Dans les premiers transports de sa joie, cette Reine jetait à profusion les faveurs et les récompenses aux courtisans qui la complimentèrent : Montigny fut de ce nombre. Profitant des bonnes dispositions de Marie de Médicis, il sollicita le bâton de maréchal de France, qui lui fut à l'instant accordé.

Terminons ce récit des épisodes de la Ligue autour de notre île Saint-Michel par une dernière remarque.

Après dix ans de combats et d'alternatives de revers et de succès, on vit, par un singulier jeu de la destinée, deux ports voisins, Blavet et Hennebont, retirer chacun, d'évènements identiques, des résultats opposés.

Après les guerres de la Ligue, Blavet ne cessa de croître en importance commerciale et militaire, tandis que l'on peut assurer que la décadence d'Hennebont, comme place de guerre au moins, date de cette époque.

Après Quinipily et Camors, Hennebont ne posséda plus ni garnison ni capitaine; cette ville releva militairement de Blavet (devenu le Port-Louis), qui fut bientôt érigé en place forte, sous l'autorité d'un gouverneur, le duc de Brissac.